BEI GRIN MACHT SICH IHR WISSEN BEZAHLT

Nina Eger

Familienpolitik - War die deutsche Wiedervereinigung in Bezug auf die Familienpolitik vorteilhaft für die Bürger der DDR?

GRIN Verlag

Bibliografische Information der Deutschen Nationalbibliothek:

Die Deutsche Bibliothek verzeichnet diese Publikation in der Deutschen National-
bibliografie; detaillierte bibliografische Daten sind im Internet über http://dnb.d-
nb.de/ abrufbar.

Impressum:

Copyright © 2007 GRIN Verlag GmbH
Druck und Bindung: Books on Demand GmbH, Norderstedt Germany
ISBN: 978-3-640-19250-2

Dieses Buch bei GRIN:

http://www.grin.com/de/e-book/116814/familienpolitik-war-die-deutsche-wieder-
vereinigung-in-bezug-auf-die-familienpolitik

GRIN - Your knowledge has value

Der GRIN Verlag publiziert seit 1998 wissenschaftliche Arbeiten von Studenten, Hochschullehrern und anderen Akademikern als eBook und gedrucktes Buch. Die Verlagswebsite www.grin.com ist die ideale Plattform zur Veröffentlichung von Hausarbeiten, Abschlussarbeiten, wissenschaftlichen Aufsätzen, Dissertationen und Fachbüchern.

Carl von Ossietzky Universität Oldenburg
Handlungsfelder deutscher Politik
Wintersemester 2007/08

Familienpolitik

Vorgelegt von:
Nina Eger
5. Sozialwissenschaften

1.   Einleitung 2

2.   Definition Familienpolitik 3

3.   Familienpolitik von 1949 – 1990 4

3.1   Ausgangslage nach dem zweiten Weltkrieg 4

3.2   Bundesrepublik 4

3.2.1 Familienleitbild 4

3.2.2 Frauenleitbild 4

3.2.3Eckdaten 5

3.3   DDR...7

3.3.1 Familienleitbild...7

3.3.2 Frauenleitbild 7

3.3.3 Eckdaten...8

4. Einigungsvertrag 10

5. Fazit 11

       Literatur..13

       Internetlinks 14

       Abstract...15

1. Einleitung

„Der Inbegriff der Politik eines Volkes ist die Frage: Was habt ihr euren Kindern
zu bieten? – Und eine solche Politik führt an den Ursprung zurück: sie beginnt bei
der Familie."[1]

Mit dieser Feststellung endet Gertrud Bäumers Buch zur Familienpolitik, das bereits zur Zeit der Weimarer Republik erschien und nach wie vor aktuell ist. Rück-
schauend lässt sich feststellen, dass bereits viel über die Familienpolitik West-
deutschlands nach dem zweiten Weltkrieg veröffentlicht wurden ist. Das Deutschland allerdings 40 Jahre lang eine zweigeteilte Familienpolitik hatte, findet selte-
ner Erwähnung. Interessant ist auch die Frage, was in den 40 Jahren auf der anderen Seite der Mauer geschah. Diese Frage ist nicht unrelevant, wenn man be-
denkt, dass nach diesen 40 Jahren der Zweigeteiltheit, Deutschland wiederverei-
nigt wurde und somit nicht nur die Menschen wieder zu ein und demselben Staat
gehörten, sondern auch die Familienpolitik der DDR mit der westdeutschen Familienpolitik vereint wurde. Nun kann man sich natürlich die Frage stellen, warum
eine gemeinsame Familienpolitik für die alten und neuen Bundesländer ein Prob-
lem darstellen sollte, denn die Einheit wollten ja alle. Deshalb soll in dieser Arbeit
folgender Frage nachgegangen werden: War die deutsche Wiedervereinigung in
Bezug auf die Familienpolitik vorteilhaft für die Bürger der DDR?

Um diese Frage zu beantworten, soll zuerst der Begriff der Familienpolitik erläu-
tert und dann kurz auf die Situation nach dem zweiten Weltkrieg eingegangen
werden. Im Anschluss daran wird die Familienpolitik der ehemaligen Bundesrepublik der der ehemaligen DDR gegenübergestellt und auf die Aspekte Familien-
und Frauenleitbild sowie Eckdaten hin beleuchtet. In einen weiteren Punkt soll
dann auf den Einigungsvertrag bei der Wiedervereinigung eingegangen werden.
Im letzten Abschnitt wird mit einem Resümee die Fragestellung beantwortet.

---

[1] Bäumer, Gertrud: Familienpolitik. Probleme, Ziele und Wege, Berlin, 1933, S. 77.

2. Definition Familienpolitik

Wenn es um Familienpolitik geht, muss zunächst eine begriffliche Bestimmung vorgenommen werden. Familienpolitik lässt sich in die Begriffe „Familie" und „Politik" aufgliedern.

Nach Max Wingen zeichnet sich die Familie durch drei konstitutive Merkmale aus: Erstens setzt sich die Familie aus zwei Generationen, deren Generationenbeziehung entweder auf Blutsverwandtschaft oder Adoption beruht, zusammen. Zweitens lebt die Familie in einem gemeinsamen Haushalt. Drittens besteht eine institutionelle Absicherung durch öffentliche Anerkennung (in unserem Kulturkreis handelt es sich hier um die Ehe der Eltern).[2]

Auch den Politikbegriff unterteilt Max Wingen in drei Teile: policy, politics und polity. Auf die Familienpolitik bezogen steht „policy" für die inhaltliche, normative Dimension, es geht um die Aufgaben der Familienpolitik, ihre Ziele, Maßnahmen und Instrumente. Bei der „politics" Dimension geht es um die Abhängigkeiten des familienpolitischen Handelns von den Interessen der Akteure. „Polity" steht für die institutionelle, formale Dimension, es geht um die Verfassung, Rechtsordnung und Tradition.[3]

Zusammenfassend ist Familienpolitik als „bewußtes und planvoll- ordnendes, zielgerichtetes öffentliches Einwirken auf Struktur und Funktionen der Familie"[4] zu verstehen.

---

[2] Vgl.: Wingen, Max: Familienpolitik – Grundlagen und aktuelle Probleme, Bonn, 1997, S. 16.
[3] Vgl.: Wingen, Max: Familienpolitik – Grundlagen und aktuelle Probleme, Bonn, 1997, S. 17f.
[4] Wingen, Max: Familienpolitik, in: HdWW, Bd. 2, Stuttgart, 1980, S. 589.

3. Familienpolitik von 1949 – 1990

3.1 Ausgangslage nach dem zweiten Weltkrieg

Nach dem zweiten Weltkrieg wurde Deutschland in vier Besatzungszonen einge-
teilt; die Besatzungsmächte waren die USA, Großbritannien, Frankreich und die
Sowjetunion. Am 23. Mai 1949 fand die Gründung der BRD mit der Verkündung
des Grundgesetzes statt; die DDR[5] wurde kurz darauf am 7. Oktober 1949 auf
dem Gebiet der sowjetischen Besatzungszone gegründet.[6]

3.2 Bundesrepublik

3.2.1 Familienleitbild

Das Familienleitbild in den Anfangsjahren der Bundesrepublik war an dem Modell
der bürgerlichen Kleinfamilie, in der der Mann für die außerhäusliche Erwerbsarbeit und die Frau für den Haushalt zuständig war, orientiert. Die Familie war größtenteils eine individuelle Aufgabe, in die der Staat selten eingriff. Es wurde zwar
nicht direkt eine verbindliche Form des Zusammenlebens vorgeschrieben[7], allerdings wurden nur Ehen und Familien mit familienpolitischen Maßnahmen geför-
dert.[8]

3.2.2 Frauenleitbild

Auch Jahre nach der Gründung der Bundesrepublik gab es trotz gesetzlicher
Gleichberechtigung, die in Art. 117 GG festgeschrieben war, faktisch eine Be-
nachteiligung der Frauen im Ehe- und Familienrecht. Erst 1976 gab es eine Fami-
lienrechtsreform, die den Frauen annähernd die gleichen Rechte, wie den Män-
nern zusprach. Bis zu dieser Reform galten zum einen das Richterrecht und zum
anderen das bürgerliche Gesetzbuch. In letzterem regelten die §§ 1356, 1360,
1364 BGB, dass die Ehefrau nur dann berechtigt war, erwerbstätig zu sein, wenn
dies sich mit ihren Pflichten in der Ehe und Familie vereinbaren ließ.[9] War dies
nicht der Fall, so konnte der Ehemann die Berufstätigkeit seiner Ehefrau jederzeit

---

[5] Folgende (heutige) Bundesländer gehörten zur DDR: Brandenburg, Mecklenburg- Vorpommern, Sachsen, Sachsen- Anhalt und Thüringen.
[6] Vgl.: Schubert, Klaus/ Klein, Martina: Politiklexikon, Bonn, 2006, S. 338.
[7] Allerdings gab es bis in die 70er Jahre den sog. Kuppeleiparagraphen, der es unverheirateten Paaren untersag-
te zusammenzuleben vgl. StGB § 180 (Kuppelei) vgl.: dazu ausführlicher: Nave- Herz, Rosemarie: Ehe- und
Familiensoziologie, München, 2004, S. 67.
[8] Vgl.: Peil, Iris: Akzeptanz familienpolitischer Maßnahmen in der Bundesrepublik Deutschland – Ein Ost- West
Vergleich, Wiesbaden, 1996, S. 16f.
[9] Vgl.: Peil, Iris: Akzeptanz familienpolitischer Maßnahmen in der Bundesrepublik Deutschland – Ein Ost- West
Vergleich, Wiesbaden, 1996, S. 3f.

kündigen; ebenso oblag ihm die gesetzliche Vertretung der Kinder.[10] Außerhäusliche Erwerbstätigkeit von Müttern war nach Familienminister Wuermeling[11]: „Eine Gleichberechtigung, vor der wir doch alle unsere Frauen bewahren wollen."[12] Dieses Leitbild begann sich ab den 1970er Jahren im Zuge der Emanzipationsbewegung langsam zu öffnen.

3.2.3 Eckdaten

Im Jahr 1953 wurde das Familienministerium gegründet. Mit dieser Gründung setzte allerdings nicht sofort eine zielgerichtete Familienpolitik ein, sondern damit sollte vorerst die hohe Wertschätzung der Ehe und Familie demonstriert werden.[13] Die Familienpolitik der Bundesrepublik bis 1990 lässt sich ab der Gründung des Familienministeriums grob in drei Phasen unterteilen.

Die erste Phase der Familienpolitik stand unter dem Zeichen der Adenauer Ära der 50er Jahre. Im Vordergrund stand die Subsidiarität und Stärkung der Familie. Der Staat sollte demnach so wenig wie möglich in die Familie eingreifen. In den 1950er Jahren hatte die Bundesrepublik die niedrigste Geburtenziffer der Welt. Unter anderem war dies das Resultat der insgesamt finanziell besser gestellten Kinderlosen und der finanziell stark belasteten kinderreichen Familien und Alleinerziehenden. Eine Maßnahme, die dem Geburtenrückgang entgegenwirken sollte, war die stufenweise Erhöhung des Kindergeldes.[14]

Mitte der 1960er Jahre stieg die Nachfrage nach Arbeitskräften stark an, sodass auch Frauen zunehmend erwerbstätig wurden. Größtenteils setzte sich das sog. Drei- Phasen- Modell durch.[15] Dieses Modell gliederte das Leben der Frauen bzw. Mütter in drei Teile: die Berufstätigkeit bis zur Geburt des ersten Kindes, die anschließende Familienphase und danach die Rückkehr in die Erwerbsarbeit.[16]

Die zweite Phase der Familienpolitik wird auf das Ende der 1960er Jahre datiert. Es wurde erkannt, dass die Familie eine Instanz zur Vererbung sozialer Ungleichheiten geworden war. Die Konsequenz der Familienpolitik war, dass die Sozialisation der Kinder nicht mehr allein bei der Familie liegen sollte, sondern der gezielten Förderung durch die Gesellschaft bedurfte. Schwerpunkte dieser

---

[10] Vgl.: www.bmfsfj.de/bmfsfj/generator/Politikbereiche/familie,did=11450.html, Zugriff am 28.10.07.
[11] Wuermeling war von 1953 bis 1962 Bundesminister für Familienfragen.
[12] Vgl.: www.bmfsfj.de/bmfsfj/generator/Politikbereiche/familie,did=11450.html, Zugriff am 28.10.07.
[13] Vgl.: www.bmfsfj.de/bmfsfj/generator/Politikbereiche/familie,did=11450.html, Zugriff am 28.10.07.
[14] Vgl.: Peil, Iris: Akzeptanz familienpolitischer Maßnahmen in der Bundesrepublik Deutschland – Ein Ost- West Vergleich, Wiesbaden, 1996, S. 3f.
[15] Vgl.: Peil, Iris: Akzeptanz familienpolitischer Maßnahmen in der Bundesrepublik Deutschland – Ein Ost- West Vergleich, Wiesbaden, 1996, S. 5f.
[16] Vgl.: www.bmfsfj.de/bmfsfj/generator/Politikbereiche/familie,did=11450.html, Zugriff am 28.10.07.

familienpolitischen Phase waren: die Umsetzung sozialer Gerechtigkeit, Chancengleichheit für alle Kinder sowie die Förderung der Rechte der einzelnen Familienmitglieder.[17]

Der Schwangerschaftsabbruch war in der Bundesrepublik bis in die 1970er Jahre hinein verboten.[18] Mit dem Artikel „Ich habe abgetrieben!" des Stern vom 6. Juni 1971[19], indem sich 374 Frauen selbst des Schwangerschaftsabbruchs bezichtigten, begann die öffentliche Diskussion um die Legalisierung des Schwangerschaftsabbruchs. Im Jahr 1979 trat eine neue Fassung des § 218 StGB mit einem erweiterten Indikatorenmodell in Kraft.[20]

Im Jahr 1976 gab es dann die Reform des Ehe- und Familienrechts, die die Öffnung der Familien nach außen ermöglichte. Beide Eheleute waren ab diesem Zeitpunkt berechtigt erwerbstätig zu sein; außerdem war die Haushaltsführung nun gemeinsame Sache der Eheleute.[21] Im Jahr 1979 wurde erstmals der Mutterschaftsurlaub eingeführt.[22]

Die dritte Phase der Familienpolitik wurde durch den Regierungswechsel 1982 eingeleitet. Im Vordergrund der Familienpolitik standen nun der Ausbau und die Verwirklichung des Drei- Phasen- Modells, des Mutterschutzes sowie die Anerkennung der Erziehungszeiten für die Rente, die Förderung zur Rückkehr in den Beruf und die verstärkte Werbung für Teilzeitarbeit.[23]

---

[17] Vgl.: Peil, Iris: Akzeptanz familienpolitischer Maßnahmen in der Bundesrepublik Deutschland – Ein Ost- West Vergleich, Wiesbaden, 1996, S. 6.
[18] Vgl. den bis in die 1970er Jahre gültigen § 218 des Reichsstrafgesetzbuch von 1871 "Eine Schwangere, welche vorsätzliche abtreibt oder im Mutterleib tötet, wird mit Zuchthaus bis zu 5 Jahren bestraft [...]".
[19] Vgl.: "Stern", 24. Jg. Heft 24, Gruner + Jahr, Hamburg, 6. Juni 1971, Quelle: www.dhm.de, Haus der Geschichte, Bonn.
[20] Demnach war der Schwangerschaftsabbruch möglich, wenn entweder Gefahr für das Leben oder die Gesundheit der Schwangeren oder des Embryo vorlag oder die Schwangerschaft die Folge einer Straftat war oder die Schwangere sich in einer Notlagensituation befand. Vgl. dazu Pro Familia: Standpunkt Schwangerschaftsabbruch, Frankfurt am Main, 2001, S.6.
[21] Obwohl die Verteilung der Hausarbeit nun rechtlich gemeinsame Sache der Eheleute war, sah die Realität so aus, dass überwiegend die Frauen die Hausarbeit allein übernahmen.
[22] Vgl.: www.bmfsfj.de/bmfsfj/generator/Politikbereiche/familie,did=11450.html, Zugriff am 28.10.07.
[23] Vgl.: Peil, Iris: Akzeptanz familienpolitischer Maßnahmen in der Bundesrepublik Deutschland – Ein Ost- West Vergleich, Wiesbaden, 1996, S. 7f.

3.3 DDR

In der DDR gab es die Familienpolitik, im Gegensatz zu Bundesrepublik, nicht als eigenständiges Politikfeld, sondern nur als ein Teilgebiet der Frauen- und Bevölkerungspolitik.[24]

3.3.1 Familienleitbild

Im Jahr 1965 wurde ein neues Familiengesetzbuch erlassen, indem das Leitbild der „sozialistischen Familie" festgehalten wurde.[25] Den Familien oblag demnach die Pflicht ihre Kinder nach dem Erziehungsleitbild der sozialistischen Persönlichkeit zu erziehen. Die sozialistische Persönlichkeit setzte sich aus einem festem Klassenstandpunkt, tiefer Einsicht in gesellschaftliche Zusammenhänge, Verantwortungsbewusstsein, allseitiger Bildung, sozialistischem Gemeingeist und vielseitiger Interessiertheit zusammen.[26]

In der DDR sollte die Familie nicht als Institution gestärkt werden, sondern als Wertevermittler für den sozialistischen Staat funktionieren.[27] Der Schule wurde die führende Rolle bei der Herausbildung des sozialistischen Bürgers zugesprochen. Die Familie wurde dabei lediglich mit dem Einfluss von gesellschaftlichen und staatlichen Organisationen, Massenmedien und Betriebe gleichgesetzt.[28]

3.3.2 Frauenleitbild

In der Nachkriegszeit gab es in der DDR einen erheblichen Arbeitskräftemangel, zum einen durch die Verluste aus dem zweiten Weltkrieg und zum anderen durch die Abwanderungen in die Bundesrepublik. Aufgrund dieses Arbeitskräftemangels, aber nicht nur, wurden Frauen vermehrt zur Beschäftigung angeworben.[29]

In der DDR hatte jeder Bürger, unabhängig vom Geschlecht, die Pflicht zu arbeiten, da sonst kein Anspruch gegenüber dem sozialistischen Staat bestand.[30] Das Leitbild der Frau sah die Gleichberechtigung der Geschlechter vor. Anzumerken ist, dass die Gleichberechtigung der Geschlechter nur an dem Grad der Erwerbsbeteiligung gemessen wurde und sich nicht auf die Verteilung der hauswirtschaftli-

---

[24] Vgl.: Peil, Iris: Akzeptanz familienpolitischer Maßnahmen in der Bundesrepublik Deutschland – Ein Ost- West Vergleich, Wiesbaden, 1996, S. 10.
[25] Vgl.: Wingen, Max: Familienpolitik – Grundlagen und aktuelle Probleme, Bonn, 1997, S. 35.
[26] Vgl.: Lampert, Heinz: Leitbild und Maßnahmen der Familienpolitik in der DDR, in: Schweitzer, Rosemarie von (Hrsg.): Leitbilder für Familie und Familienpolitik, Berlin, 1981, S. 65.
[27] Vgl.: Peil, Iris: Akzeptanz familienpolitischer Maßnahmen in der Bundesrepublik Deutschland – Ein Ost- West Vergleich, Wiesbaden, 1996, S. 10f.
[28] Vgl.: Obertreis, Gesine: Familienpolitik in der DDR von 1945 – 1990, Opladen, 1986, S. 222.
[29] Vgl.: Peil, Iris: Akzeptanz familienpolitischer Maßnahmen in der Bundesrepublik Deutschland – Ein Ost- West Vergleich, Wiesbaden, 1996, S. 18.
[30] Vgl.: Schlegel, Uta, Kabat vel Job, Otmar: Junge Frauen heute: wie sind, was sie wollen, Leipzig, 1981, S. 20f.

chen Tätigkeiten bezog. Insgesamt wurde die Berufstätigkeit auf- und die Nicht-berufstätigkeit abgewertet; da Berufstätigkeit als Arbeit für den `Aufbau des So-zialismus` gesehen wurde.[31] Um die Vollzeitbeschäftigung beider Elternteile, be-sonders der Mütter, zu ermöglichen brauchte es Kinderbetreuungseinrichtungen; und an dieser Stelle setzten die familienpolitischen Bemühungen der DDR Politik an.[32]

3.3.3 Eckdaten

Festgestellt wurde bereits, dass ein wesentliches familienpolitisches Ziel die Gleichstellung der Frauen, besonders der Mütter, anhand der Gleichstellung in der Berufstätigkeit, war. Um dieses Ziel auch umsetzen zu können, bedurfte es Maßnahmen zur Kinderbetreuung. Im Jahr 1950 wurde deshalb das `Gesetz zur Arbeit` verabschiedet, indem sich der Staat verpflichtete flächendeckend Kinder-betreuungseinrichtungen zu schaffen. Ebenfalls im Jahr 1950 wurde das Mutter- und Kinderschutzgesetz erlassen. In diesem wurden die finanziellen Unterstüt-zungen und Beihilfen für kinderreiche Familien und Alleinerziehende festgehal-ten.[33]

Am 9. März 1972 begann mit der Aufhebung des Schwangerschaftsabbruchsver-bots[34] eine „neue" Phase der Frauen-, Familien- und Bevölkerungspolitik. Die Schwangerschaftsunterbrechung wurde als Fristenlösung geregelt, d.h. eine Schwangerschaft durfte bis zu 12 Wochen nach deren Beginn durch einen Arzt beendet werden.[35] Eine Konsequenz daraus war, dass die seit 1965 kontinuier-lich zurückgehenden Geburtenzahlen, weiter sanken. Die Geburtenzahlen dieser Zeit gingen allerdings in beiden Teilen Deutschlands auch deutlich aufgrund des sog. Pillenknicks[36] zurück. Dem Geburtenrückgang sollte durch verschiedene Maßnahmen entgegengewirkt werden, wie z.B. mit der Verlängerung des Schwangerschaftsgeldes oder der Einführung der 40 Stunden Woche[37] für be-rufstätige Mütter mit mindestens drei Kindern.[38] Weitere Anreize sollten durch die Erhöhung des Mindesturlaubes oder durch die Vergabe günstigerer Kredite bei

---

[31] Vgl.: Peil, Iris: Akzeptanz familienpolitischer Maßnahmen in der Bundesrepublik Deutschland – Ein Ost- West Vergleich, Wiesbaden, 1996, S. 10f.
[32] Vgl.: www.bmfsfj.de/bmfsfj/generator/Politikbereiche/familie,did=11450.html, Zugriff am 28.10.07.
[33] Vgl.: Obertreis, Gesine: Familienpolitik in der DDR von 1945 – 1990, Opladen, 1986, S. 51f.
[34] GBl. I 1972, Nr. 5, S. 89f.
[35] Vgl.: Obertreis, Gesine: Familienpolitik in der DDR von 1945 – 1990, Opladen, 1986, S. 302.
[36] Mit dem sog. Pillenknick wird der Rückgang der Geburtenzahlen, aufgrund der Einführung der Pille als Emp-fängnisverhütungsmittel bezeichnet.
[37] Anzumerken ist an dieser Stelle, dass die durchschnittliche Arbeitszeit pro Woche in der DDR wie auch in der Bundesrepublik bei ca. 45 Stunden lag.
[38] Vgl.: Obertreis, Gesine: Familienpolitik in der DDR von 1945 – 1990, Opladen, 1986, S. 293.

Erstheirat, die `abgekindert`[39] werden konnten, sein.[40] Außerdem sollten Mütter, die keinen Krippenplatz für ihr Kind erhielten und deshalb vorübergehend ihre Berufstätigkeit niederlegen mussten, von der Sozialversicherung eine monatliche Unterstützung erhalten.[41]

Ziel dieser Maßnahmen war die Erreichung von (mindestens) der „einfachen Reproduktion", d.h. den Ersatz der Elterngeneration durch die Kindergeneration. Da die Geburtenzahlen weiter zurückgingen, wurden 1976 weitere Maßnahmen zur Geburtenförderung verabschiedet. So wurde z.B. der Schwangerschaftsurlaub erneut verlängert, das sog. Babyjahr eingeführt und die wöchentliche Arbeitszeit wurde nun auch für Frauen mit zwei Kindern auf 40 Stunden reduziert.[42]

Durch diese Maßnahmen konnte ein kurzfristiger Anstieg der Geburtenzahlen erreicht werden, der allerdings ab 1980 wieder rapide zurückging. Deshalb wurden 1981 wiederum die Maßnahmen zur Förderung von Geburten erhöht. Dies geschah u.a. durch eine Erhöhung des Kindergeldes, dem Anrecht auf bevorzugten Wohnraum, Verlängerung des Krankenurlaubes und der Freistellung von bis zu 18 Monaten vom Beruf. Im Jahr 1986 wurden diese Maßnahmen nochmals erweitert.[43]

Es ist festzuhalten, dass die DDR Familienpolitik in erster Linie auf die Veränderung der Lebenslage der Frauen und die Geburtenförderung abzielte. Es wurde versucht die Frauen und Mütter in den Erwerbsprozess mit einzubeziehen und ihnen eine Vereinbarkeit von Arbeit und Familie zu ermöglichen.[44]

Diese Politik kostete aufgrund ihrer vielen Subventionen so viel Geld, dass die volkswirtschaftliche Gesamtleistung die Kosten nicht mehr tragen konnte und die außenwirtschaftliche Verschuldung der DDR auch deshalb stärker anwuchs.[45]

---

[39] D.h. mit der Geburt von Kindern, wurden Teile des zurückzuzahlenden Kredits erlassen.

[40] Dieser Kredit wurde zinslos gewährt und konnte bei der Geburt eines Kindes um 1000 Mark, bei der Geburt eines zweiten um 1500 Mark und durch ein drittes Kind um 2500 Mark verringert werden. Vgl. dazu: Obertreis, Gesine: Familienpolitik in der DDR von 1945 – 1990, Opladen, 1986, 294.

[41] Vgl.: Obertreis, Gesine: Familienpolitik in der DDR von 1945 – 1990, Opladen, 1986, S. 293.

[42] Vgl.: Peil, Iris: Akzeptanz familienpolitischer Maßnahmen in der Bundesrepublik Deutschland – Ein Ost- West Vergleich, Wiesbaden, 1996, S. 12f.

[43] Vgl.: Peil, Iris: Akzeptanz familienpolitischer Maßnahmen in der Bundesrepublik Deutschland – Ein Ost- West Vergleich, Wiesbaden, 1996, S. 12f.

[44] Vgl.: Wingen, Max: Familienpolitik – Grundlagen und aktuelle Probleme, Bonn, 1997, S. 29f.

[45] Vgl.: Peil, Iris: Akzeptanz familienpolitischer Maßnahmen in der Bundesrepublik Deutschland – Ein Ost- West Vergleich, Wiesbaden, 1996, S. 13.

4. Einigungsvertrag

Im Jahr 1990 wurde diskutiert, ob die DDR der Bundesrepublik entweder nach Art. 23 GG oder nach Art. 146 GG beitritt sollte.[46] Artikel 23 GG besagte, dass die Verfassung außer in den bereits bestehenden Ländern der Bundesrepublik auch in den neuen Bundesländern nach deren Beitritt in Kraft zu setzen sei.[47] Im Gegensatz dazu stand Artikel 146 GG dafür, dass das Grundgesetz an dem Tage seine Gültigkeit verliert, „an dem eine Verfassung in Kraft tritt, die von dem deutschen Volke in freier Entscheidung beschlossen worden ist."[48]

Am 3. Oktober 1990 trat die DDR nach Art. 23[49] und mit der Verabschiedung des Einigungsvertrages, der Bundesrepublik bei.[50] Zwar waren viele für den Beitritt der DDR nach Artikel 23 GG, es gab aber auch gegenteilige Meinungen, vor allem von Bürgerrechtlern in der DDR und von vielen Sozialdemokraten, die für die Ausarbeitung einer neuen Verfassung plädierten. Sie vertraten die Ansicht, dass Bonn nicht einfach die DDR „annektieren" dürfe.[51] Mit dem Beitritt der DDR zur Bundesrepublik wurden nahezu alle bis dahin in der DDR geltenden Gesetze aufgehoben.

Die Wiedervereinigung brachte den neuen Bundesländern nicht nur ein neues Wirtschafts-, Rechts- und Sozialsystem, sondern auch eine neue Familienpolitik.[52]

Der Einigungsvertrag enthielt im Artikel 31 eine Vorgabe für die Herausbildung einer einheitlichen Familienpolitik.[53] So wurden z.B. zwei wesentliche Ziele in ihm festgehalten: zum einen der Auftrag an den gesamtdeutschen Gesetzgeber zur Verbesserung der Vereinbarkeit von Familie und Beruf und zum anderen die Verbesserung des Schutzes ungeborenen Lebens, durch eine einheitliche Regelung zum Schwangerschaftsabbruch.[54]

---

[46] Vgl.: Görtemaker, Manfred: Geschichte der Bundesrepublik Deutschland, München, 1999, S. 751.
[47] Vgl.: Fußlein, Peter: Bonner Grundgesetz, Baden- Baden, 26. Aufl. 1972, S. 36f.
[48] Vgl.: Fußlein, Peter: Bonner Grundgesetz, Baden- Baden, 26. Aufl. 1972, S. 130.
[49] Der Artikel 23 GG wurde im Zuge der Wiedervereinigung durch den sog. Europa Artikel ersetzt, da nun das Grundgesetz für ganz Deutschland Geltung hatte und der Artikel somit überflüssig wurde. Auch der Artikel 146 GG wurde dahingehend geändert, dass zwar eine neue Verfassung nicht ausgeschlossen sei, aber das Grundgesetz nicht mehr als vorläufig gelte.
[50] Vgl.: Holtmann, Everhard: Politiklexikon, München, 3. Auflage, 2000, S. 141.
[51] Vgl.: Görtemaker, Manfred: Geschichte der Bundesrepublik Deutschland, München, 1999, S. 751.
[52] Vgl.: Der Einigungsvertrag, jur-pc Schriftenreihe Nummer 1, Wiesbaden, 2. Aufl. 1990, S. 27.
[53] Vgl.: Der Einigungsvertrag, jur-pc Schriftenreihe Nummer 1, Wiesbaden, 2. Aufl. 1990, S. 27.
[54] Wingen, Max: Vierzig Jahre Familienpolitik in Deutschland – Momentaufnahmen und Entwicklungslinien, Bonn, 1993, S. 64f.

5. Fazit

Nachdem nun die unterschiedlichen Familienpolitiken der DDR und der Bundesrepublik dargestellt wurden, lässt sich festhalten, dass die Wiedervereinigung allgemein Vorteile und Nachteile mit sich brachte.

Die allgemeinen Vorteile der Wiedervereinigung Deutschlands waren u.a. die Pluralisierung der Gesellschaft, die Warenvielfalt, die neuen Möglichkeiten des Reisens und auf die Familienpolitik bezogen, der geringere Einfluss des Staates auf die Familie. Nachteile waren, dass mit der Wiedervereinigung keine gemeinsame Verfassung der alten und neuen Bundesländer entworfen wurde, sondern fortan nur die Verfassung der alten Bundesländer für ganz Deutschland Gültigkeit hatte.

In Bezug auf die Familienpolitik kann festgehalten werden, dass die Frauenförderung so gut wie gar nicht mehr existierte, die Aufgaben der Familie sich durch die Verringerung der Kinderbetreuungseinrichtungen vergrößerten und nun fast ausschließlich bei der Familie, insbesondere bei den Müttern lagen. Außerdem waren die Erwartungen der Schule an die Eltern gestiegen und die finanziellen Hilfen wie Geburtenbeihilfen, Ehekredite, Hilfen für kinderreiche Familien und Alleinerziehende fielen durch das nun geltende Grundgesetz weg. Zur Vereinbarkeit von Familie und Beruf lässt sich festhalten, dass im Zuge der nun für ganz Deutschland geltenden Familienpolitik ein großer Teil der Kinderbetreuungseinrichtungen in den neuen Bundesländern abgebaut und damit die Betreuungsfunktion in die Familien rückverlagert wurde.[55]

Die eingangs gestellte Frage: War die deutsche Wiedervereinigung in Bezug auf die Familienpolitik vorteilhaft für die Bürger der DDR? - ist und muss aus zwei Perspektiven heraus beantwortet werden. Gehörte man zu dem Teil der Bevölkerung, der zur Zeit der Wende kinderlos war, so brachte die Wiedervereinigung zwar auch Nachteile mit sich, doch trafen die Einschnitte in der Familienpolitik diese Menschen nicht so hart, wie die Familien der ehemaligen DDR. Letztere hatten zu DDR Zeiten wesentlich mehr Unterstützungen erhalten, die nun mit der Wiedervereinigung teilweise ersatzlos gestrichen wurden. Denn obwohl die Vereinbarkeit von Familie und Beruf in dem Einigungsvertrag als wesentliches Ziel festgehalten worden war, sah und sieht die Realität anders aus.

Offen bleibt die Frage, ob die Bundesrepublik bevor sie eine einheitliche Familienpolitik festlegte, sich ihrer Schwächen bezüglich der Vereinbarkeit von Familie

---

[55] Vgl.: Peil, Iris: Akzeptanz familienpolitischer Maßnahmen in der Bundesrepublik Deutschland – Ein Ost- West Vergleich, Wiesbaden, 1996, S. 29f.

und Beruf hätte bewusst werden können, um dann Ansätze der DDR Familienpolitik mit in ihr Konzept aufzunehmen.

Literatur

Bäumer, Gertrud:
Familienpolitik. Probleme, Ziele und Wege,
Berlin, 1933.

Der Einigungsvertrag,
jur-pc Schriftenreihe Nummer 1,
MediConsult GmbH, Wiesbaden, 2. Aufl. 1990.

Füßlein, Peter:
Bonner Grundgesetz,
Nomos, Baden- Baden, 26. Aufl. 1972.

Görtemaker, Manfred:
Geschichte der Bundesrepublik Deutschland,
C.H. Beck., München, 1999.

Holtmann, Everhard:
Politiklexikon,
Oldenbourg, München, 3. Auflage, 2000.

Lampert, Heinz:
Leitbild und Maßnahmen der Familienpolitik in der DDR, in:
Schweitzer, Rosemarie von (Hrsg.):
Leitbilder für Familie und Familienpolitik,
Duncker & Humblot, Berlin, 1981.

Nave- Herz, Rosemarie:
Ehe- und Familiensoziologie,
Juventa, München, 2004.

Obertreis, Gesine:
Familienpolitik in der DDR von 1945 – 1990
Leske Verlag + Budrich GmbH, Opladen, 1986.

Peil, Iris:
Akzeptanz familienpolitischer Maßnahmen in der Bundesrepublik Deutschland
– Ein Ost- West Vergleich,
Bundesinstitut für Bevölkerungsforschung, Wiesbaden, 1996.

Pro Familia:
Standpunkt Schwangerschaftsabbruch,
pro familia Deutsche Gesellschaft für Familienplanung, Sexualpädagogik + Sexual-
beratung, Frankfurt am Main, 2001.

Schlegel, Uta, Kabat vel Job, Otmar.:
Junge Frauen heute: wie sind, was sie wollen,
Zentralinstitut für Jugendforschung, Leipzig, 1981.

Schubert, Klaus/ Klein, Martina:
Politiklexikon,
Bundeszentrale für politische Bildung, Bonn, 2006.

"Stern",
24. Jg. Heft 24, Gruner + Jahr, Hamburg, 6. Juni 1971,
Quelle: www.dhm.de, Haus der Geschichte, Bonn.

Wingen, Max:
Familienpolitik, in:
HdWW, Bd. 2,
Vandenhoeck + Ruprecht Gm, Stuttgart, 1980.

Wingen, Max:
Vierzig Jahre Familienpolitik in Deutschland
– Momentaufnahmen und Entwicklungen,
Vektor- Verlag, Grafschaft, 1993.

Wingen, Max:
Familienpolitik – Grundlagen und aktuelle Probleme,
Bundeszentrale für politische Bildung, Bonn, 1997.

Internetlinks

(Bundesministerium für Familie, Senioren, Frauen und Jugend, Artikel: Ausführliche Chronologie über 50 Jahre Familienpolitik, 14.10.2003)
www.bmfsfj.de/bmfsfj/generator/Politikbereiche/familie,did=11450.html, Zugriff am 28.10.07.

Abstract

In der vorliegenden Arbeit geht es um die Frage, ob die Wiedervereinigung in Bezug auf die Familienpolitik vorteilhaft für die Bürger der DDR war.

Zur Beantwortung dieser Frage, wird zuerst geklärt wie sich der Begriff der Familienpolitik zusammensetzt, dazu wird die (zweigeteilte) Definition des Familienpolitikbegriffes von Max Wingen herangezogen. Im Anschluss wird kurz darauf eingegangen wie sich Deutschland nach dem zweiten Weltkrieg zusammensetzte bzw. teilte. Danach werden die Familienpolitiken der Bundesrepublik und der Deutschen Demokratischen Republik von 1949 – 1990 auf die Aspekte Familien- und Frauenleitbild sowie die wichtigsten Eckdaten hin beleuchtet. Wobei angemerkt werden muss, dass die DDR keine eigenständige Familienpolitik hatte, sondern diese ein Teilgebiet der Frauen- und Bevölkerungspolitik ausmachte. In einem weiteren Abschnitt wird auf die Wiedervereinigung Deutschlands und dem damit verbundenen Einigungsvertrag eingegangen. Es wird dargestellt unter welchen Bedingungen es zu der Wiedervereinigung kam und was in Bezug auf die Familienpolitik in dem Einigungsvertrag von 1990 festgehalten wurde.

Abschließend wird die eingangs gestellte Frage, ob die Wiedervereinigung in Bezug auf die Familienpolitik vorteilhaft für die Bürger der DDR war, aus zwei Perspektiven heraus beantwortet. Unter der Bezeichnung „Bürger" werden Kinderlose und Familien zusammengefasst. Für die Kinderlosen brachte die Wiedervereinigung zwar auch Nachteile mit sich, aber nicht in Bezug auf die Familienpolitik, da ihre Maßnahmen und Instrumente nur für Familien bestimmt waren und somit die Kinderlosen auch zu DDR Zeiten nicht berührten. Die Familien allerdings hatten durch die Wiedervereinigung in Bezug auf die Familienpolitik mit teilweise erheblichen Einschnitten zu leben, da viele bis dahin geltende familienpolitische Maßnahmen mit dem Beitritt zur Bundesrepublik abgeschafft wurden.